U0164579

心一堂術數古籍珍本叢刊

書名：挨星撮要（蔣徒呂相烈傳）【原（彩）色本】

系列：心一堂術數古籍珍本叢刊　堪輿類　第二輯　218

作者：【清】呂相烈　撰

主編、責任編輯：陳劍聰

心一堂術數古籍珍本叢刊編校小組：陳劍聰　素聞　鄒偉才　虛白盧主

出版：心一堂有限公司

通訊地址：香港九龍旺角彌敦道六一○號荷李活商業中心十八樓○五一○六室

深港讀者服務中心‧中國深圳市羅湖區立新路六號羅湖商業大廈負一層○○八室

電話號碼：(852)67150840

網址：publish.sunyata.cc

電郵：sunyatabook@gmail.com

網店：http://book.sunyata.cc

淘寶店地址：https://shop210782774.taobao.com

微店地址：https://weidian.com/s/1212826297

臉書：https://www.facebook.com/sunyatabook

讀者論壇：http://bbs.sunyata.cc/

平裝

版次：二零一九年一月初版

港幣　　定價：　　三百五十八元正

新台幣　　　　　一千三百八十元正

國際書號：ISBN 978-988-8582-05-1

版權所有　翻印必究

香港發行：香港聯合書刊物流有限公司

地址：香港新界大埔汀麗路36號中華商務印刷大廈3樓

電話號碼：(852)2150-2100

傳真號碼：(852)2407-3062

電郵：info@suplogistics.com.hk

台灣發行：秀威資訊科技股份有限公司

地址：台灣台北市內湖區瑞光路七十六巷六十五號一樓

電話號碼：+886-2-2796-3638

傳真號碼：+886-2-2796-1377

網絡書店：www.bodbooks.com.tw

台灣國家書店讀者服務中心：

地址：台灣台北市中山區松江路二○九號一樓

電話號碼：+886-2-2518-0207

傳真號碼：+886-2-2518-0778

網絡書店：http://www.govbooks.com.tw

中國大陸發行　零售：深圳心一堂文化傳播有限公司

深圳地址：深圳市羅湖區立新路六號羅湖商業大廈負一層○○八室

電話號碼：(86)0755-82224934

心一堂微店二維碼

心一堂淘寶店二維碼

心一堂術數古籍 珍本 叢刊 整理 叢刊 總序

術數定義

術數，大概可謂以「推算（推演）、預測人（個人、群體、國家等）、事、物、自然現象、時間、空間方位等規律及氣數，並或通過種種『方術』，從而達致趨吉避凶或某種特定目的」之知識體系和方法。

術數類別

我國術數的內容類別，歷代不盡相同，例如《漢書‧藝文志》中載，漢代術數有六類：天文、曆譜、五行、蓍龜、雜占、形法。至清代《四庫全書》，術數類則有：數學、占候、相宅相墓、占卜、命書、相書、陰陽五行、雜技術等，其他如《後漢書‧方術部》、《藝文類聚‧方術部》、《太平御覽‧方術部》等，對於術數的分類，皆有差異。古代多把天文、曆譜、及部分數學均歸入術數類，而民間流行亦視傳統醫學作為術數的一環；此外，有些術數與宗教中的方術亦往往難以分開。現代民間則常將各種術數歸納為五大類別：命、卜、相、醫、山，通稱「五術」。

本叢刊在《四庫全書》的分類基礎上，將術數分為九大類別：占筮、星命、相術、堪輿、選擇、三式、讖諱、理數（陰陽五行）、雜術（其他）。而未收天文、曆譜、算術、宗教方術、醫學。

術數思想與發展——從術到學，乃至合道

我國術數是由上古的占星、卜筮、形法等術發展下來的。其中卜筮之術，是歷經夏商周三代而通過「龜卜、蓍筮」得出卜（筮）辭的一種預測（吉凶成敗）術，之後歸納並結集成書，此即現傳之《易

經》。經過春秋戰國至秦漢之際，受到當時諸子百家的影響、儒家的推崇，遂有《易傳》等的出現，原本是卜筮術書的《易經》，被提升及解讀成有包涵「天地之道（理）」之學。因此，《易・繫辭傳》曰：「易與天地準，故能彌綸天地之道。」

漢代以後，易學中的陰陽學說，與五行、九宮、干支、氣運、災變、律曆、卦氣、讖緯、天人感應說等相結合，形成易學中象數系統。而其他原與《易經》本來沒有關係的術數，如占星、形法、選擇，亦漸漸以易理（象數學說）為依歸。《四庫全書・易類小序》云：「術數之興，多在秦漢以後。要其旨，不出乎陰陽五行，生尅制化。實皆《易》之支派，傅以雜說耳。」至此，術數可謂已由「術」發展成「學」。

及至宋代，術數理論與理學中的河圖洛書、太極圖、邵雍先天之學及皇極經世等學說給合，通過術數以演繹理學中「天地中有一太極，萬物中各有一太極」（《朱子語類》）的思想。術數理論不單已發展至十分成熟，而且也從其學理中衍生一些新的方法或理論，如《梅花易數》、《河洛理數》等。

在傳統上，術數功能往往不止於僅作為趨吉避凶的方術，及「能彌綸天地之道」的學問，亦有其「修心養性」的功能，「與道合一」（修道）的內涵。《素問・上古天真論》：「上古之人，其知道者，法於陰陽，和於術數。」數之意義，不單是外在的算數、歷數、氣數，而是與理學中同等的「道」、「理」--心性的功能，北宋理氣家邵雍對此多有發揮：「聖人之心，是亦數也」、「萬化萬事生乎心」、「心為太極」。《觀物外篇》：「先天之學，心法也。……蓋天地萬物之理，盡在其中矣，心一而不分，則能應萬物。」反過來說，宋代的術數理論，受到當時理學、佛道及宋易影響，認為心性本質上是等同天地之太極。天地萬物氣數規律，能通過內觀自心而有所感知，即是內心也已具備有術數的推演及預測、感知能力；相傳是邵雍所創之《梅花易數》，便是在這樣的背景下誕生。

《易・文言傳》已有「積善之家，必有餘慶；積不善之家，必有餘殃」之說，至漢代流行的災變說及讖緯說，我國數千年來都認為天災，異常天象（自然現象），皆與一國或一地的施政者失德有關；下

至家族、個人之盛衰，也都與一族一人之德行修養有關。因此，我國術數中除了吉凶盛衰理數之外，人心的德行修養，也是趨吉避凶的一個關鍵因素。

術數與宗教、修道

在這種思想之下，我國術數不單只是附屬於巫術或宗教行為的方術，又往往是一種宗教的修煉手段--通過術數，以知陰陽，乃至合陰陽（道）。「其知道者，法於陰陽，和於術數。」例如，「奇門遁甲」術中，即分為「術奇門」與「法奇門」兩大類。「法奇門」中有大量道教中符籙、手印、存想、內煉的內容，是道教內丹外法的一種重要外法修煉體系。甚至在雷法一系的修煉上，亦大量應用了術數內容。此外，相術、堪輿術中也有修煉望氣（氣的形狀、顏色）的方法；堪輿家除了選擇陰陽宅之吉凶外，也有道教中選擇適合修道環境（法、財、侶、地中的地）的方法，以至通過堪輿術觀察天地山川陰陽之氣，亦成為領悟陰陽金丹大道的一途。

易學體系以外的術數與的少數民族的術數

我國術數中，也有不用或不全用易理作為其理論依據的，如揚雄的《太玄》、司馬光的《潛虛》。也有一些占卜法、雜術不屬於《易經》系統，不過對後世影響較少而已。

外來宗教及少數民族中也有不少雖受漢文化影響（如陰陽、五行、二十八宿等學說。）但仍自成系統的術數，如古代的西夏、突厥、吐魯番等占卜及星占術，藏族中有多種藏傳佛教占卜術、苯教占卜術、擇吉術、推命術、相術等；北方少數民族有薩滿教占卜術；不少少數民族如水族、白族、布朗族、佤族、彝族、苗族等，皆有占雞（卦）草卜、雞蛋卜等術，納西族的占星術、占卜術，彝族畢摩的推命術、占卜術……等等，都是屬於《易經》體系以外的術數。相對上，外國傳入的術數以及其理論，對我國術數影響更大。

曆法、推步術與外來術數的影響

我國的術數與曆法的關係非常緊密。早期的術數中，很多是利用星宿或星宿組合的位置（如某星在某州或某宮某度）付予某種吉凶意義，并據之以推演，例如歲星（木星）、月將（某月太陽所躔之宮次）等。不過，由於不同的古代曆法推步的誤差及歲差的問題，若干年後，其術數所用之星辰的位置，已與真實星辰的位置不一樣了；此如歲星（木星），早期的曆法及術數以十二年為一周期（以應地支），與木星真實週期十一點八六年，每幾十年便錯一宮。後來術家又設一「太歲」的假想星體來解決，是歲星運行的相反，立春節氣後太陽躔娵訾之次而稱作「登明亥將」，至宋代，因歲差的關係，要到雨水節氣後太陽才躔娵訾之次，當時沈括提出了修正，但明清時六壬術中「月將」仍然沿用宋代沈括修正的起法沒有再修正。

由於以真實星象周期的推步術是非常繁複，而且古代星象推步術本身亦有不少誤差，大多數術數除依曆書保留了太陽（節氣）、太陰（月相）的簡單宮次計算外，漸漸形成根據干支、日月等的各自起例，以起出其他具有不同含義的眾多假想星象及神煞系統。唐宋以後，我國絕大部分術數都主要沿用這一系統，也出現了不少完全脫離真實星象的術數，如《子平術》、《紫微斗數》、《鐵版神數》等。後來就連一些利用真實星辰位置的術數，如《七政四餘術》及選擇法中的《天星選擇》，也已與假想星象及神煞混合而使用了。

隨着古代外國曆（推步）、術數的傳入，如唐代傳入的印度曆法及術數，元代傳入的回回曆等，其中我國占星術便吸收了印度占星術中羅睺星、計都星等而形成四餘星，又通過阿拉伯占星術而吸收了其中來自希臘、巴比倫占星術的黃道十二宮、四大（四元素）學說（地、水、火、風），並與我國傳統的二十八宿、五行說、神煞系統並存而形成《七政四餘術》。此外，一些術數中的北斗星名，不用我國傳統的星名：天樞、天璇、天璣、天權、玉衡、開陽、搖光，而是使用來自印度梵文所譯的：貪狼、巨

門、祿存、文曲、廉貞、武曲、破軍等,此明顯是受到唐代從印度傳入的曆法及占星術所影響。如星命術中的《紫微斗數》及堪輿術中的《撼龍經》等文獻中,其星皆用印度譯名。及至清初《時憲曆》,置閏之法則改用西法「定氣」。清代以後的術數,又作過不少的調整。

此外,我國相術中的面相術、手相術,唐宋之際受印度相術影響頗大,至民國初年,又通過翻譯歐西、日本的相術書籍而大量吸收歐西相術的內容,形成了現代我國坊間流行的新式相術。

陰陽學——術數在古代、官方管理及外國的影響

術數在古代社會中一直扮演着一個非常重要的角色,影響層面不單只是某一階層、某一職業、某一年齡的人,而是上自帝王,下至普通百姓,從出生到死亡,不論是生活上的小事如洗髮、出行等,大事如建房、入伙、出兵等,從個人、家族以至國家,從天文、氣象、地理到人事、軍事,從民俗、學術到宗教,都離不開術數的應用。我國最晚在唐代開始,已把以上術數之學,稱作陰陽(學),行術數者稱陰陽人。(敦煌文書、斯四三二七唐《師師漫語話》:「以下說陰陽人謾語話」,此說法後來傳入日本,今日本人稱行術數者為「陰陽師」)。一直到了清末,欽天監中負責陰陽術數的官員中,以及民間術數之士,仍名陰陽生。

古代政府的中欽天監(司天監),除了負責天文、曆法、輿地之外,亦精通其他如星占、選擇、堪輿等術數,除在皇室人員及朝庭中應用外,也定期頒行日書、修定術數,使民間對於天文、日曆用事吉凶及使用其他術數時,有所依從。

我國古代政府對官方及民間陰陽學及陰陽官員,從其內容、人員的選拔、培訓、認證、考核、律法監管等,都有制度。至明清兩代,其制度更為完善、嚴格。

宋代官學之中,課程中已有陰陽學及其考試的內容。(宋徽宗崇寧三年〔一一零四年〕崇寧算學令:「諸學生習……並曆算、三式、天文書。」「諸試……三式即射覆及預占三日陰陽風雨。天文即預

定一月或一季分野災祥，並以依經備草合問為通。」

金代司天臺，從民間「草澤人」（即民間習術數人士）考試選拔：「其試之制，以《宣明曆》試推步，及《婚書》、《地理新書》試合婚、安葬，並《易》筮法，六壬課、三命、五星之術。」（《金史》卷五十一・志第三十二・選舉一）

元代為進一步加強官方陰陽學對民間的影響、管理、控制及培育，除沿襲宋代、金代在司天監掌管陰陽學及中央的官學陰陽學課程之外，更在地方上增設陰陽學課程（《元史・選舉志一》：「世祖至元二十八年夏六月始置諸路陰陽學。」）地方上也設陰陽學教授員，培育及管轄地方陰陽人。（《元史・選舉志一》：「（元仁宗）延祐初，令陰陽人依儒醫例，於路、府、州設教授員，凡陰陽人皆管轄之，而上屬於太史焉。」）自此，民間的陰陽術士（陰陽人），被納入官方的管轄之下。

至明清兩代，陰陽學制度更為完善。中央欽天監掌管陰陽學，明代地方縣設陰陽學正術，各州設陰陽學典術，各縣設陰陽學訓術。陰陽人從地方陰陽學肄業或被選拔出來後，再送到欽天監考試。（《大明會典》卷二二三：「凡天下府州縣舉到陰陽人堪任正術等官者，俱從吏部送（欽天監），考中，送回選用；不中者發回原籍為民，原保官吏治罪。」）清代大致沿用明制，凡陰陽術數之流，悉歸中央欽天監及地方陰陽官員管理、培訓、認證。至今尚有「紹興府陰陽印」、「東光縣陰陽學記」等明代銅印，及某縣某某之清代陰陽執照等傳世。

清代欽天監漏刻科對官員要求甚為嚴格。《大清會典》「國子監」規定：「凡算學之教，設肄業生。滿洲十有二人，蒙古、漢軍各六人，於各旗官學內考取。漢十有二人，於舉人、貢監生童內考取。附學生二十四人，由欽天監選送。教以天文演算法諸書，五年學業有成，舉人引見以欽天監博士用，貢監生童以天文生補用。」學生在官學肄業、貢監生肄業或考得舉人後，經過了五年對天文、算法、陰陽學的學習，其中精通陰陽術數者，會送往漏刻科。而在欽天監供職的官員，《大清會典則例》「欽天監」規定：「本監官生三年考核一次，術業精通者，保題升用。不及者，停其升轉，再加學習。如能黽

勉供職，即予開復。仍不及者，降職一等，再令學習三年，能習熟者，准予開復，仍不能者，黜退。」除定期考核以定其升用降職外，《大清律例》中對陰陽術士不準確的推斷（妄言禍福）是要治罪的。《大清律例‧一七八‧術七‧妄言禍福》：「凡陰陽術士，不許於大小文武官員之家妄言禍福，違者杖一百。其依經推算星命卜課，不在禁限。」大小文武官員延請的陰陽術士，自然是以欽天監漏刻科官員或地方陰陽官員為主。

官方陰陽學制度也影響鄰國如朝鮮、日本、越南等地，一直到了民國時期，鄰國仍然沿用着我國的多種術數。而我國的漢族術數，在古代甚至影響遍及西夏、突厥、吐蕃、阿拉伯、印度、東南亞諸國。

術數研究

術數在我國古代社會雖然影響深遠，「是傳統中國理念中的一門科學，從傳統的陰陽、五行、九宮、八卦、河圖、洛書等觀念作大自然的研究。……傳統中國的天文學、數學、煉丹術等，要到上世紀中葉始受世界學者肯定。可是，術數還未受到應得的注意。術數在傳統中國科技史、思想史、文化史、社會史，甚至軍事史都有一定的影響。……更進一步了解術數，我們將更能了解中國歷史的全貌。」（何丙郁《術數、天文與醫學中國科技史的新視野》，香港城市大學中國文化中心。）

可是術數至今一直不受正統學界所重視，加上術家藏秘自珍，又揚言天機不可洩漏，「（術數）乃吾國科學與哲學融貫而成一種學說，數千年來傳衍嬗變，或隱或現，全賴一二有心人為之繼續維繫，賴以不絕，其中確有學術上研究之價值，非徒癡人說夢，荒誕不經之謂也。其所以至今不能在科學中成立一種地位者，實有數因。蓋古代士大夫階級目醫卜星相為九流之學，多恥道之；而發明諸大師又故為恫惚迷離之辭，以待後人探索；間有一二賢者有所發明，亦秘莫如深，既恐洩天地之秘，復恐譏為旁門左道，始終不肯公開研究，成立一有系統說明之書籍，貽之後世。故居今日而欲研究此種學術，實一極困難之事。」（民國徐樂吾《子平真詮評註》，方重審序）

現存的術數古籍，除極少數是唐、宋、元的版本外，絕大多數是明、清兩代的版本。其內容也主要是明、清兩代流行的術數，唐宋或以前的術數及其書籍，大部分均已失傳，只能從史料記載、出土文獻、敦煌遺書中稍窺一鱗半爪。

術數版本

坊間術數古籍版本，大多是晚清書坊之翻刻本及民國書賈之重排本，其中豕亥魚魯，或任意增刪，往往文意全非，以至不能卒讀。現今不論是術數愛好者，還是民俗、史學、社會、文化、版本等學術研究者，要想得一常見術數書籍的善本、原版，已經非常困難，更遑論如稿本、鈔本、孤本等珍稀版本。

在文獻不足及缺乏善本的情況下，要想對術數的源流、理法、及其影響，作全面深入的研究，幾不可能。

有見及此，本叢刊編校小組經多年努力及多方協助，在海內外搜羅了二十世紀六十年代以前漢文為主的術數類善本、珍本、鈔本、孤本、稿本、批校本等數百種，精選出其中最佳版本，分別輯入兩個系列：

一、心一堂術數古籍珍本叢刊
二、心一堂術數古籍整理叢刊

前者以最新數碼（數位）技術清理、修復珍本原本的版面，更正明顯的錯訛，部分善本更以原色彩色精印，務求更勝原本。并以每百多種珍本、一百二十冊為一輯，分輯出版，以饗讀者。

後者延請、稿約有關專家、學者，以善本、珍本等作底本，參以其他版本，古籍進行審定、校勘、注釋，務求打造一最善版本，方便現代人閱讀、理解、研究等之用。

限於編校小組的水平，版本選擇及考證、文字修正、提要內容等方面，恐有疏漏及舛誤之處，懇請方家不吝指正。

心一堂術數古籍珍本叢刊編校小組

二零零九年七月序
二零一四年九月第三次修訂

分三才定論

大道既判有形因形而有數天道得乾為体輕清而在上

所用陽也地道得坤之二体重濁以在下此用者陰也人生於中

稟天地陰陽之氣而曰三才天地始終二十弍萬九千六百年為一

元一萬八千年為一會三百六十為一歲二萬六千為一劫三

萬六千劫為一浩天開於子地闢於丑人生於寅物生於戌

到亥則週十二會而復混矣人為萬物之灵得天地之正气

原賦一千廿九年六千日為一會之數天道運用不失常道混

池竹大易生水未有氣曰大極大初生火有氣未形曰㓟大始

生未有形未質曰大始大素生金未有体曰大素大極生土形質也

己具曰大極　水一　火二　木三　金四　土五 此

大極始生兩儀兩儀生四像四象生八卦八卦生金木水火

土週天三百六十五度四分度之一止

乾卦三爻吉水合局

乾水合局武曲星龍祖挨在本卦輪子卯二山皆叶

吉挨入貪狼富貴吳更得文峯侵雲漢狀元榜眼佐

朝建東西兩卦真發福肥矮圓頭照砂評

戊水合局廣田庄富堪敵國多稅糧若合四吉一齊

到翰林學士顯文章壬甲二龍遇此水忠厚傳家播

卿邦倘遇戊砂高昂岐雖然富貴也不良

亥水原来第六星挨到六一是真龍西卦得此多出

富更誇馬上好良弓若遇鉢盂砂形像積善修緣傳

道榮魁星若是揮天漢乙癸二峯狀元鐘

坎卦三爻吉水合局

坎卦匹位兆方中挨入七赤替到東挨入四七為龍

祖七赤之年富貴成水迎再得砂高挱雙龍入穴近

君门六指双生皆此出男與女敗更叮伶

壬水驟富多名刹龍得庚辰卿相地若遇子癸錯差

至斷定出富而且貴最喜丑戌三頭脉定然離鄉着

紫衣夾雜江東便減力祇可納粟湊名歸

癸水合局富貴全双生霧母眷阡連寅亥骨肉龍到

此砂迎水秀福綿之四七之時遇此乎家々仲男福

駢臻水分高低有凝集垂耳双龍福涯塋

艮卦三爻吉水合局

艮水合局破軍星上應三台天帝宮懿揚水聚不逼

官定然科發少年童坎震兑山咸正局為宦陪貴與

國烟水慬短背呆只好富縱然亏今少見人

丑水合局利田庄牛羊發家利滿倉壬甲双龍成会

合也教门庭有〇次挨得山水不出卦官居英甲姓

名揚砂反石攪無形像管局時到少丁傷

寅水合局勢洋～財丁兩旺職而昌緣遇高人扦真

穴文章壓白桂飄兵魁星占此叶吉　文武官班弅

遠鄉若是砂形成破碎更加口訣斷虎傷

震卜三爻吉水合局

震卜合法旺人丁為官職重逞英雄大聲嚇胆人驚

畏家作皇家保駕臣更喜貪狼入比位驟富石崇誰

能比二四得三為上吉不拘長個箇貴

甲水合局旺富貴辰戌超～是真氣陰陽相見好樂

施出人魁首少登科挨得五戌二山穴斷定長房身

價貴若遇地元同一卜人～馬上錦衣回

山水原來號催官墓宅逢此滿心歡乜亦之元得遇

此多利顯達南州冠巳寅二宮得此水富貴双全總

一般倘或他卜來雜入晉教蟆蛉蚚子安

吳卜三爻吉水合局

吳水得元能救貧吳砂吳水巨富翁若得天魁瞳雲

漢兄弟連播聲名挨得右弼離火宄經洛之士逞威

風娥眉文峯居鎮此八妃附馬佐朝延

辰水興景各不同縱然合法祇富人若得八千同一

到匹馬單刀佐朝廷護砂合水真叶吉武官受封疆

萬名前後左右砂癡蠢祇出獨富砂薄人

巳水排倒是武曲辛丁二字是真龍遇此東卦九局

管富貴榮華戶二吳貪狼尾拖臨此字縱精來護旺

丁財七赤之年得此水巳丙之人發福真

离卦三爻吉水合局　暗法細悞

离水本原文曲星合元合局富貴真官星相生合此

三公更看挑詇例左右管教兒孫受皇封　九局水局顧子龍結穴位　拱

丙水原來是破軍一白之年是真蹤犯罪之家因此

救此方救文溽破程山吉水乘元氣　下後兒孫弓

名聲挨得辰山得此水人三跨馬玉街行

丁水合局右弼行男女福壽更康寧人元一卦無夾

雜拔萃超群顯聲文男女頭頂出白髮管教師文出

聰明若得向回龍穴　富貴双全萬餘事

坤卦三爻吉水合局

坤水得令水來郭長房個三着紫袍若得坤字塘集

水房三人臭俱富豪此砂此水真合吉寡母持家財

牛好更逢卓拔旐様女作㹳軍男撿讨

申字貪狼號魁首丁山二山同一路乱峯若燕当檐

秀文武小官亦堪數少年發達亦顯貴腹大之人富

益壽䛴辛山乙向過此水斷定長房冨悠火

未水巨門用倒排父母丙庚山上栽出人閣之雅

道廣疊田庄旺血財長戌丑宮一同到南北兩卦好

剪緋金然此水只應富山峯合吉貴亦未

兌卦三爻吉水合局

兌水本宮號破軍挨得坤艮氣相通文筆若然端正

坐出人貴秀雅而清若是砂水隨流出繼然富貴醜

家風幸遇高人扞真穴發嗣善說受皇恩

庚水合局卦清純折獄定言出才人胆大人秀皆鐘

此為官職重顯英雄若然出一兩位定斷女權忤

近远遇褐水迎砂拱顧逢令也出世明人

辛水排來到破軍寅巳龍在申宮連揷兩峰尖附焉

只見一峯女端容更得山水真穴叶文貴分家一脊

榮少年科甲名標榜枕防富貴壽不齡

乾卦衰旺破局

乾卦當富且貴墩埠園頂名僧輩七丫八丫不端方

斷出金銀匠師類每因頭病熏目疾陰陽不講卦不

誤見戌水女喪夫誤見乾水老翁忌誤見亥水男人

退失雜不清家迳瘓乾冇失令當不得水形直射水人嘔血砂水

冇刀主砍頭犯冤招刑女作孽見戌冲射人死埋當管敬長房人丁絕乾水獨去家長滅更見亥水不

坎卦衰旺破局

坎水當令占大魁富貴双全人秀麗七丫八丫水形像只出木匠而小

貴訟見壬水男人絕耳心吐俱病類訟見子水仲男偃仲總吐血心

便悸訟見癸水女崩病入防招賊生鬼計　坎水失令大難少出盜

出賊妇人娼男作轉夫犯官形阴人亦被見血傷

　艮宮衰旺破局斷
艮

癸水当令名利全先出富者後出貴官則皇門院上客富堦

敵國陶朱輩七丁八丁水不仁丑出畧富而不貴誤見丑水孛男

鰥寡見　水少丁退誤見寅水男丁傷多招手足瘫瘓疾　艮水夬

令號五當每見人家亦玲退砂水一齊均不吉瘋疾賊盜尽皆起

水形直射少丁亡縱然生育難喬出人奸巧愛小利鬼侵賊刼亦

號泣

　震宮衰旺破局斷

震水当令大富貴好善樂施文人蓝七丁八丁美不是出人貪花

并姦妓誤見甲水長子憂誤見卯水長媳應誤水見乙均不吉

男出俸童女娼妓　震水失令出卦外育目之疾手足壞賊

啞馬夫燕吐血男盜女娼家業敗

巽卦衰旺破局斷

巽水当令富貴巽主出高長大漢人若見七廿八廿多雖然家

旺陰人損誤見辰水主不利誤見巽水媳喪夫誤見巳水皆不吉

文人自縊主剔剔眼花股疾出木逗狐臊脇臭陰人当更有砂

水真直杀長子先起上法堂

高宮衰旺破局斷

離水当令曰富貴武官掌正威权位七廿八廿而慶盈大腹大目

人名利誤見丙水男丁傷誤見午水仲炁怨誤見丁水號家賬

淫乱闺闱内肥畬矮子逐童㗂淫巧并将兒童去出健　离水失

令不得歡出人淫逸生異端雷繫女人心不正瞽目頭痛腹

疾逆女人作妓声名臭上奸下未兄奸婦更遇七九連交水定断

家空回因綠　宜細玩

坤宮衰旺破局

坤水当令出大富絕、、振、、金榜題七十八个則減力富廣丁多难

而已誤見未水女人病坤水合元寡母與誤見申水男丁憂晉

教腹疾驗如神　坤水失令出寡妇淫乱風声敗门户買鍋生理終

必絕牛販生理切勿應

兑宫衰旺破局断

兑水当令出女貴男貴塩商河宫頭七广八丫出美人小容尼姑女巫

辈男人缺齿并缺唇因卦交媾乱元微誤見五殳孚遐寤旁善罵

長舌撥作妓誤見辛水闰女淫誤見庚水為妾婢

兑水失令女出賣男人淫蕩敗女灰男人癡呆灵傷口貪

花好賭慶酒家更嬝砂水似拖鈐女随人走男丁亡

以上八宫總宜希夷細玩評穴向砂水而断一宫三爻分用

親口授受更明

挨星斷訣

壬山丙向水出丑戌交媾也見午水仲媳喪夫見丁守水而人

不利若向兼運巳未二水不出戌丑而出兑則老少婦人淫佚

男丁少財稍可　乃上元子戌小運正令

子山午向水出乾艮　交媾也誤見丙水男人不利　若向上兼運

坤遇二水不出乾艮而出兑一黨女人作乱家道不昌而得令

不祥　乃上元子戌正旺

癸山丁向水出亥寅　乃交媾也見午水仲男死若向兼巳未二水不出

亥寅而出兑則女人不和而幼女多淫財雖有而丁不顯耀

乃上元子戌小運大旺

坤山艮向水出酉午乃交媾也見丑水季男喪妻有手指之病

、若向上薰連坎震二水不出午酉而出乾則老父與仲男

不和損少丁財乏不順人丁貧賤 上元甲午

未山丑向水出庚丙乃交媾也見艮水三男早妖若向上連見

坎震二水不出庚丙而出乾則兄弟爭訟亡身家道貧之

丁多不一家長淫家婢之驗 上元甲午

申山寅向水出辛丁乃交媾也見艮水男丁多損手足之病

向連見坎震二水不出辛丁而出乾一派男人作乱家道

蕩瘓不堪 上元甲午

甲山庚向水出丑戌主大富貴正交媾也見酉水季媳喪夫

又善罵詈多有美女好滛若向見連坤水貼身巽水不出戌

丑而出离則少女興老母不睦長女興中女不和 上元辰寅

邜山酉向水出艮乾正交媾也巨富貴文成播声名見庚水男

中人缺唇若向見連坤水貼身巽水不出艮乾而出离則男人

丁少天多寡紅每灵不和并滛佚 上元辰寅

乙山帝辛向水出寅亥之交媾也運致富而廣丁見百水女人

不利見坤巽三水不出寅亥而出離堂女好滛不端而生

逆子 上元辰寅

辰山戌向水出丙庚之交媾也自富且榮見乾水老翁不壽有

頭目之病向見坎水貼身震水不出丙庚而出艮則財旺

丁不端二房主敗宅母無夫長房死中元子戌

巽山乾向水出午酉之交媾也正運富貴双榮見戌水女全喪夫

亥水男丁不壽見向坎震二水不出午酉而出艮應出倖

童女徒長媳守貞無夫多主父子兄弟不睦中元子戌

戌山辰向水出壬甲之交媾也得運富而且貴見巽水長媳無

夫若向丙水貼身兌水不出壬甲混雜出坤然巽離坤兌

酉阴卦純阴宅長喪父主賊盜犯官形少安產亡中元午辰

巳山亥向水出丁辛乃交媾也丁財益美得合小富見乾水

無家長丁嗣不端向見坎震二水不出丁辛而出艮老母長

媳醜声外揚主腹症二房不利中元子戌

乾山巽向水出子夘乃交媾也富貴兩双見辰水陰人多損向見

离水貼身兌水不出子夘而混雜出坤然巽离坤兌純阳

巳酉丑亲半女多淫 中元辰寅

亥山巳向水出癸乙之交媾也大富貴誤見辰水女人不利向

見丙水貼身兌水不出癸乙燕連出坤則四夘卦一派婦女

不和兩長少不利 中元午辰

庚山甲向水出未辰交媾也致富廣丁見夘水長媳不利

恐目疾不全殘足之病向艮水貼身乾水不未辰而混

雜出坎純阳老父失子丁尉不足一家不睦 下元子戌

酉山夘向水出坤其正意交媾富幀局見甲水長子受傷向

㘞上左有艮水貼身乾水不出坤巽兼連混雜出坎理曰四阳

卦男鰥常有停童下賊發福难 下元子戍

辛山乙向水出申⼄乃正變交媾能發福見甲卯水長房不利

孟媳难与向見艮水貼身乾水不出申巳離混出坎定判男

人不和仲子受催一难發福每 下元子戍

五山未向水出甲壬乃正變交媾也最財丁見坤水老母主事

出寡婦向見离兌二卦水不出甲壬而混雜出巽則巽

离坤兌卦爻不起女人血溪男人血疾發福难 下元甲午

艮山坤向水出卯子乃交媾也大富頓見未水女人不利向墾

兌離二水不出卯子混雜出墨阴阳不起乘富貴中女与長

媳不和發福應下元甲軒小運之局　下元午申

寅山申向水出乙癸巳愛交媾富貴崇向見未坤二水女人不利而

為兌二水不出乙癸而出巽少女毎老母不利致富而賤行兩

不安亦下元午申小運之旺　下元甲午

丙山壬向水出辰未發富丁見子水仲男死或喪妻耳病吐血

乃純陽之卦固不配向艮乾二水不出辰未混雜出震故父

子兄弟不和出逆丁貧之　正運下元辰寅小運

午山子向水出巽坤四九交媾富貴全若嬰壬水損男丁主生

血疾向見艮乾二水不出巽坤混雜出震然乾坎艮震純陽

卦必出作孽之人一家作禍　下元辰寅之運

丁山癸向水出巳申　交媾發福旺　文人向見壬子二水陰人主生

血疾　向見艮乾二水不出巳申混出震故乾坎艮震不配必

出忤逆之兒財須有丁多賤行

東卦		中五宮	西卦	
巽 四綠文 中元甲子甲戌	宮乾隆九年	中五宮	乾 六白武 中元甲午甲辰甲寅卅	宮乾隆卅九年
震 三碧綠 上元甲辰甲寅	宮		兌 七赤破 下元甲子甲戌	宮嘉慶九年
坤 二黑巨 上元甲申甲午	宮		艮 八白輔 下元甲申甲午	宮
坎 一白貪 上元甲子甲戌	宮康熙十二年		離 九紫弼 下元甲辰甲寅	宮

自上元甲申甲午坤以兑為催官
自下元甲子甲戌廿年兑以坤為
催官

自中元甲子甲戌卅年
兑以離為催官自下
元甲辰甲寅廿年离
以巽為催官

自上元甲子甲廿年
坎以乾為催官
自下元甲午甲寅甲
辰卅年乾以坎為催官

天九　　　乾　　坎

地四

自下元甲申甲午廿年艮以震為
催官上元甲辰甲寅卅年震以艮
為催官

以六在坎以金入水鄉也三八在震以土能養天乙成之
木也二七居離以火從火位也四九在兌以
金從金位也

河圖

天乙生火

地二生火

木生三天

地八成之

兌

乾

坎

艮

震

水生一天

之成六地

洛書

天生三

水生一天

之成七地

之成八也

之成六地

乾坎之一六共宗艮震之三八同道巽离之四九為友坤兑之二七為朋皆一生一成有互用之六也

龍祖出脉入穴圖

用法俱在此圖

文歸樣

挨山倒排父母陰陽逆順

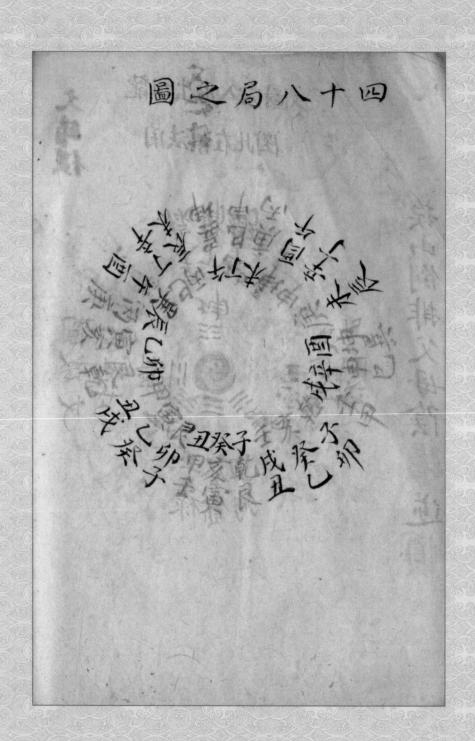

四十八局之圖

挨 水 之 圖

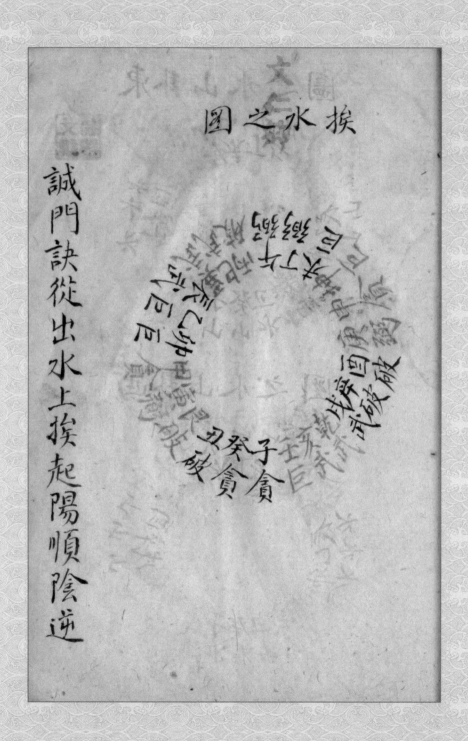

誠門訣從出水上挨起陽順陰逆

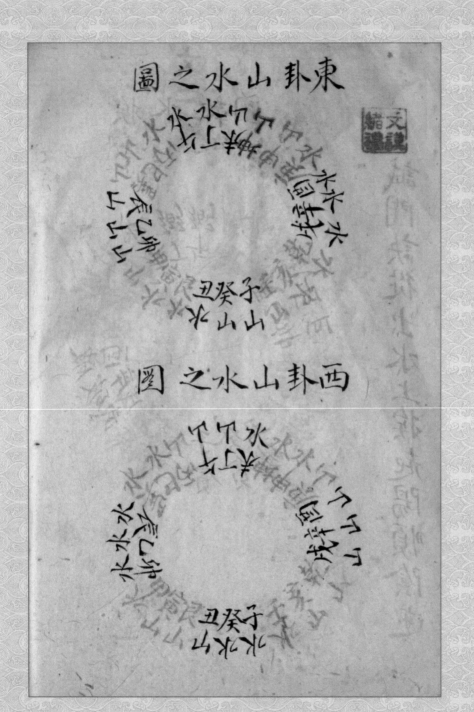

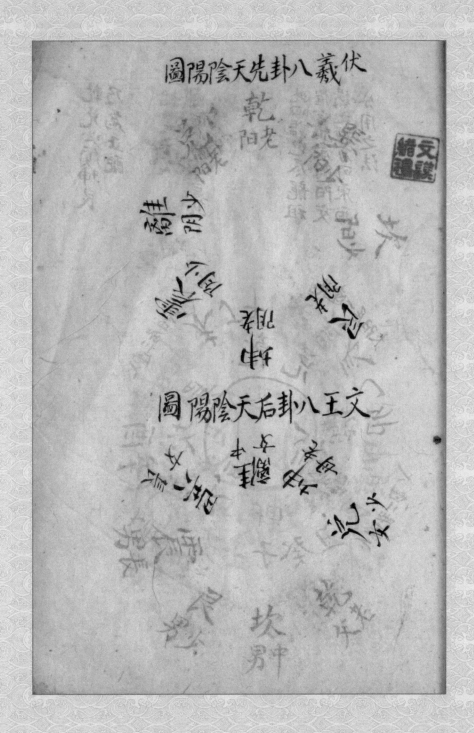

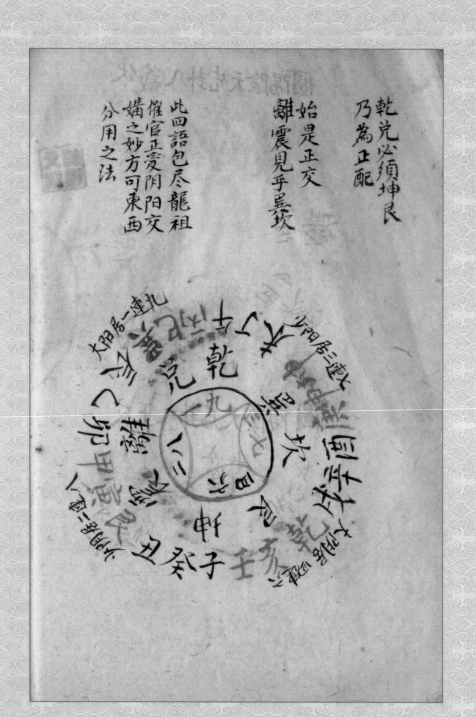

乾兌必須坤艮

乃為正配

　　始是正交

離震見乎巽坎

此四語包盡龍祖

催官正愛陰陽交

媾之妙方可東西

分用之法

生成即洛書

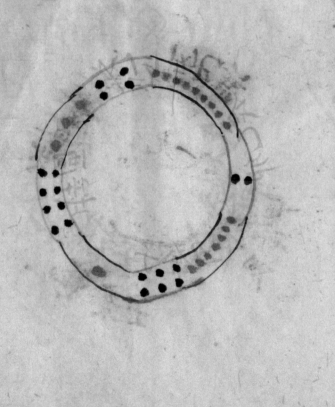

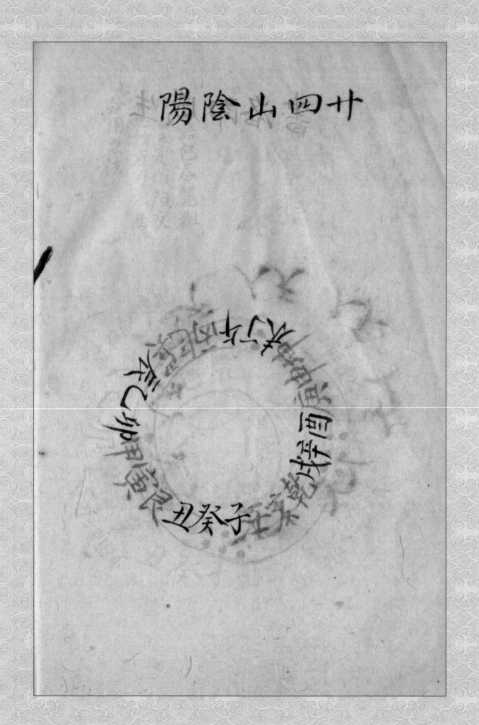

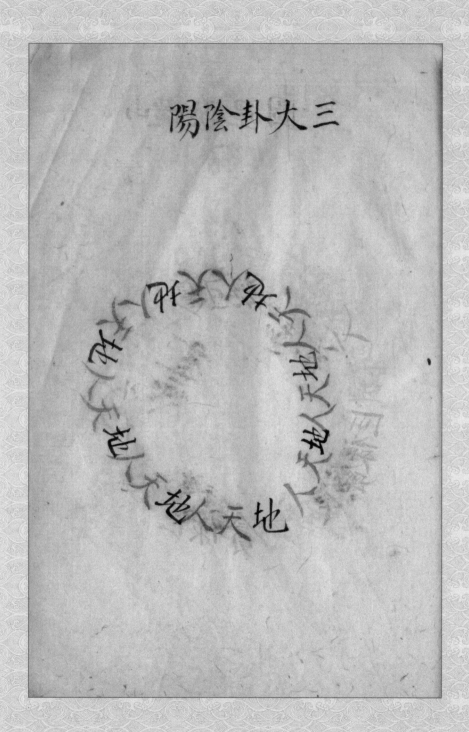

三大卦陰陽

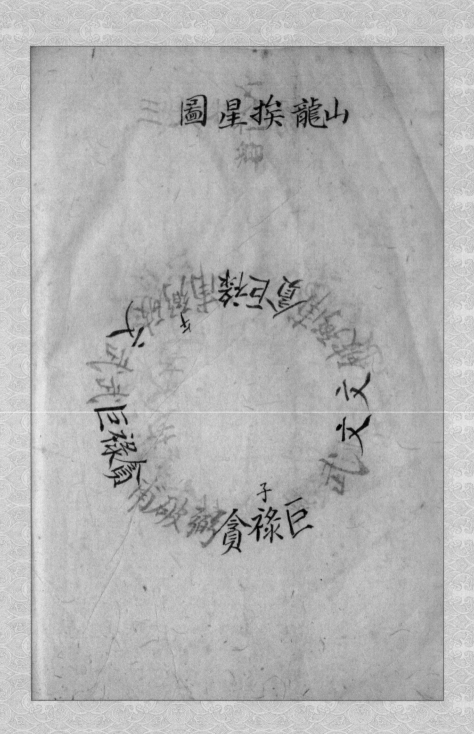

山龍挨星圖

圖全星挨龍水

文

破
武
貪
巨

武
巨
巨

子
貪
貪
破

此下元甲子甲午山水順逆挨法正
局出甲變曲出壬俱作陰陽交媾之
妙曲甲口順挨上向文曲誤見
坤水老母主事多寡婦倒排
掌上祿存逆挨上向左甫乃未
卯三局也若上離兊二水無運不出
甲亦不出壬混火昜則兊坤離巽
卦爻不起女人多淫男人多有血疾
發福難灵有慶盛不以此以此圖
灵有口訣不明宜從師入學
此陰山故內盤罣黑字此陽水故
挨水罣紅字此乃秘訣不可欽義妄傳

此圖五山未向陰山陽水

廿四山分順逆可以類推

上元挨星

午酉丑右弼七八九　寅庚丁以倒輔星　艮丙辛位是破軍

下元挨星

坤壬乙巨門從頭出　甲癸申貪狼一路行　子未卯三祿存倒

中元挨星

巽辰亥盡是武曲位　戌乾巳文曲古連次

水裏龍神武曲原未一倒申　寅午庚丁四位上右弼之星次第臨乙

卯未坤壬水上巨門星排是真踪　此語宜熟細玩

子癸貪狼與甲申　酉丑艮丙辛破軍　戌乾巳亥巽辰巽

光緒十一年乙酉歲仲冬月下浣之八日此本誓立

慎秘不可輕授後傳明徒輕洩濫授誓立誓準

一層大極

青烏經奇元篇云鉄乃北金慈石鉄母針雖指南本實戀北

陽生子中陰生午中自子至丙東南司陽自午至丙西北司

陰南北之正競曰指南即大極之一緣也乃先天一點真陽之氣由靜

生動朕兆初萌而吉凶未判奇偶由此而分剛柔於此而立漬陽者

上升為天濁陰廿為地陽中之阳灝魂為日陰中之陰生為月天

地為月成形為著象而兩儀立焉所謂涵三把一此耳

大
極

第二層先天八卦乾一居南坤八居北窩三居東坎六居西兌居東南

巽五居西南震四居東北艮七居西北然特拳其定位言之其實乾居午

而實起于坤居子而實起于午坎居酉而實終於卯离居邜而實終於酉

以及震兌艮巽莫不皆然循環往復互為終始變動不居周流六位

求居四象則乾兌生於老陽坤艮降於老陰坎巽變自火陽离震變

自少陰求居八卦則天地定位山澤通氣雷風相薄水火不相射苦於圖

象之中老少輩迁陰陽差錯天地閉塞水火間隔欽求其胎息孕育難

以孝老誠之先天知所以為先天而又知後天之無往而狐先天則青

囊武訶化始化邜生一以貫之矣圖載經盤第三層生成即洛

邜而載經盤集成之數河圖列於四正先天八卦出焉洛書即易

佰布於四隅後天八卦出焉即大乙下行九宫法也分而洛書佰之一白貪

狼木在坎二黑巨門土在坤三碧綠存土在震四綠文曲水在巽五黄廉火

在中六白武曲金在乾七赤破軍金在兌八白左甫金在艮九紫右弼火在離河圖

為合而計之一六共宗二七同道三八為朋四九為友五十同途究其為

用分其兩片合而四局東西五根正變交媾而已求諸水諸廿慎勿忽諸

第四層圖載經盤廿四山〇此陰天方當也青囊序云先天次舍故曰先

地道法天氣有十二宮兩位分八卦每卦三爻三分廿四位以應廿四節氣

故曰後天干得五位犀天支得六位犀地以日之次舍論之子月丑將日

纏牽捐之次丑月子將日纏星紀之次寅月亥將日纏析木之次卯月

戌將日纏大火之次辰月酉將日纏壽星之次巳月申將日纏鶉尾

之次午月未將日纏鶉火之次未月午將日纏鶉火之次申月申將一

日纏實沈之次酉月辰將日纏大梁之次戌月邜將日纏降婁之次亥

月寅臨日纏娵訾之次壬為子初子為子正癸為丑初丑為丑正艮為寅

初巳為巳正丙為午初午為午正丁為未初未為未正坤為申初申為_{寅為癸正甲為卯初卯為卯正乙為辰初辰為辰正巽為巳初}

申正庚為至初酉為至正辛為戌初戌為戌正乾為亥初亥為亥正此

日之纏度也〇以月之朔晦弦望論之朔日至三日月朏在庚故震納庚

三日至八日上弦在丁故兌納丁八日至十五望盈在甲故乾納甲十六日生

魄在巽故巽納辛十六至廿三下弦在艮故艮納丙廿三至廿八日月沒

在坤故納乙卅日月大會於壬癸故乾納壬坤納癸此月之纏也坎為

日月合真陽故納干度高為日月合真陰故納支度乾以首兌三男

故乾坎艮震乹為陽坤兌离巽坤乙丁己辛癸為陰乾之初爻納子

故甲丙戊庚壬為陽坤以首尾統三女故為陰乾之初爻納子

坤之初爻納未乾之三爻納寅坤之二爻納巳乾之三爻納辰坤之三爻納卯乾

之四爻納午坤之四爻納丑乾五爻納申坤五爻納亥乾之上爻納戌坤之

上爻納酉二五得位得中故寅巳亥為陽和三四上不得位不得中故子

午卯玄辰戌丑未為陰以午支陰陽分為三卦布為廿四山凡四正之

位皆左陽而右陰四隅之卦皆右陽而左陰順逆顛倒各合妙用而

三百八十四局均不出於是以乎元秘旨呂相傳

天禁綦嚴不容浅窺其作用只此廿四山正針巳繁變而莫可窮詰

乃前之業是術此廿妄立中縫二針謂乾未路以壬子同子迎前丰路格

之水為去路以子癸用子退後半位消之謬種流傳紊亂爻象是以

不揣固陋闡其於此圖普顧天下後世孝子貢孫卜宅營兆須泰

易理斷不可用中縫二針出卦雜爻坐受互腸應不負 上天陰隆下

民之意也夫 第五 三卦圓載經盤此後天八卦廿四爻位中爻居仲

應天故子午卯酉圓乾仲艮巽為天卦初爻居季以應地故辰丑未甲

庚丙壬為地卦上孟以應重故富申巳亥乙辛丁癸為人卦天卦為父母

地人為子媳左旋地右旋天人之道順地道逆天卦與天卦相通地卦

與地卜相通人卦與人卜相通天卦可兼人地人卦不可兼天地人獨

用謂之卑山天熏人謂之双山其原出於易象承乘此應陽居陰上

謂之承陰居陽上謂之乘兩陰兩陽謂之比初二三爻陽而四五六爻陰初

二三爻陰而四五六爻陽謂惟其取諸承乘比也故天元可以兼人元惟其

取諸應也故隔四位而起父母子媳天玉經云天地父母三般卦時師未曾

話正此謂昇至其入用之旨全在青囊經註分兩片陰陽取水对三乂細

認踪二句讀牙蓄能深究有德陰陽交媾玄關妙處一宿可誤不待

師傳立向消砂莫不準此若夫格龍則又以支龍為真干詫為鬼支熏

干龍為真干熏支詫為鬼即都天寶照詩云子字出脉子字尋莫

教差錯丑與壬若使陰錯身陰錯劝君不必費心勞更於此中細分三

卦則卅六鬼穴寓日便知豈復有折葬花假之誤哉

第六山龍九星圖註經盤此蔣大鴻山詫九星圖也其法出於三元紀運上

元坎統運中元巽統運下元兌統運上元甲子甲戌廿年一白貪狼坎水

主運甲申甲午廿年二黑巨門坤土主運甲辰甲寅廿年三碧祿存震木主

運此上元六十年之旺令也中元甲子甲戌甲申廿年四綠文曲巽木主運

甲午甲辰甲寅卅年六白武曲乾金主運此中元六十年之旺令也下元甲子

甲戌卅年七赤破軍兌金主運甲申甲午卅年八白左輔艮土主運甲辰

甲寅卅年九紫右弼離火主運此下元六十年之旺令也龍穴得運者吉失

運者凶吉地得運者愈吉凶地失運卅愈凶至其分布廿四山則甲癸

申為貪狼坤壬乙為巨門子未卯為祿存戌乾巳為文曲巽辰亥為武

曲艮丙辛為破軍寅庚丁為左輔午丁丑為右弼而廉貞居中未入

方位號曰五黃煞即未叢奧語武理坤乙壬巨門從頭出艮丙辛位巳

是破軍景辰亥盡是武曲位甲癸申貪狼一路行都天寶照即謂寫祖

離宗星辰出此是真訣骨前節上出兒孫文武脈中分者此又說面者

祖乎字水八卦只有一卦通二句尤為至竅秘中之秘至蔣公山龍歌內辨

穴先辨落脈絡乃是穴消息頂上生峯脈頭角兩傍竹帳脈羽翼四語所

尿得髓真傳而理甚乎微不敢妄言恐招謗責其自受訣以來仰体诚

聖濟世苦心亦不忍終於緘點繼此四語畧露一班俟人自悟此九墨之秘旨也

其三卦挨排之九星隔四位起父母子息依十二支八千四維顛琴之紅五順行黑

右逆行自山之父母子息輪到向上自向上之父母子息輪到山上自未水之

父母子息輪到向上自去水之父母子息輪到山上山向是陽星其水来去

必用陰星山向是陰星其水之来去必用陽星卽宝經阳存左边圖三特陰從右

路轉相通之義乃在挨星上輪旋轉之陰陽而非其從廿四山紅黑字之不動

者分陰阳也讀廿諳之

第七層水龍九星圖載經盤此水龍九星圖也先天兄待以乾為首以

坤為足乾金居南兌金居東南坤土居北艮土居西北坎水居西離火居東

震木居東兌巽木居西南是以先天之陰陽分於震巽後天流行以乾

為首以巽為足坎水居北兌居西震雷居東離火居南坤艮土居中兩

澤下究故居上鳳雷火上膽故居下天立極於上而地中於下是以後天

之陰陽分於乾巽○地理之孝後為髀先為用故以先天加後天其陰陽

不分於震巽亦分乾巽其終始不依乎乾坤而亦乎艮坤大玄經云

河圖洛書相為經緯八卦九章相為表正謂此也山記九星之配廿四山寶根蒂

義其扮用互窮經不外文武脉中分一語○至於水龍四山起貪狼之法除本

四位不取分餘九宮曰四正起四隅四隅起四正乾巽互起天卦与天卦相通人

卦與人卦相通每十六星陽順陰逆共計三百八十四星以應呂易爻之数地

第八層大陽經度

理錄要武評子癸甲申起本宮乙辛丁未巳相逢卯午酉宮應在巽丙

壬庚位戌相通丑未逢庚坤艮午惟有寅山在乙中乾盡辰宮并巳

亥須知對面是真蹤者是也夫挨星三元地理不可少而實與考竅

無窮至格乾定穴立向銷砂別有竅奧武評三百八十四局尚不止此挨

星之武能盡學者幸勿得少為足以致貽悞後賢也

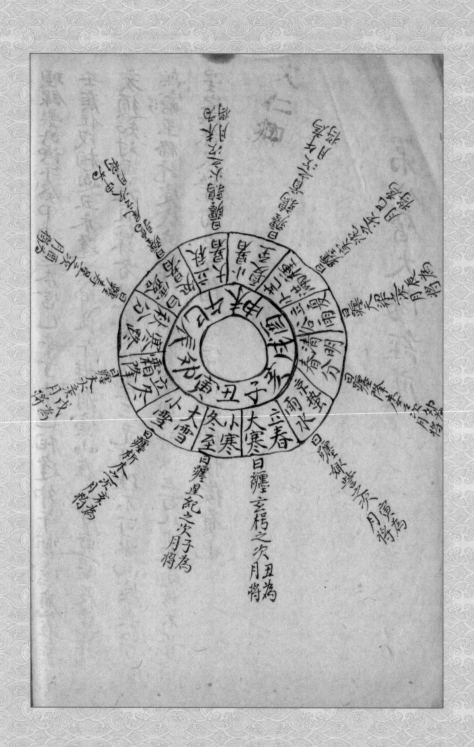

大雪　尾刀至十五
　　　心刀至八

小雪　房刀至四
　　　氐十五至十七

立冬　氐刀至十五
　　　亢刀至十

霜降　角刀至九
　　　角七至十九

寒露　軫刀至九
　　　角刀至九

秋分　翌七至十八

白露　陸刀至十七
　　　翌刀至六

處暑　星刀至八

立秋　柳刀至卅
　　　星刀至十八

大暑　鬼刀至三
　　　井廿六至卅

小暑　井刀至卅

夏至　參刀至十
　　　參一

芒種　參刀至八
　　　觜一

小滿　畢刀至戊
　　　昴一至七

立夏　昴刀
　　　胃刀至十二

穀雨　婁刀至九
　　　奎九至十二

清明　奎刀至八
　　　昴刀至十二

春分　室刀至十
　　　室七至十

驚蟄　室刀至八
　　　危刀至十九

雨水　虛刀至九
　　　虛七至九

立春　女刀至十
　　　虛刀至八

大寒　牛刀至七
　　　牛刀至七

小寒　斗刀至廿
　　　斗刀至廿三

冬至　箕刀至八

此大阳週天躔文也洪範曰癸月日时無昜百穀用成又用明俊民用

章家用平康癸月日时既昜百谷用不成又用昬不明俊明用微家用

不寧癸以癸星之躔次為準而皆統於日癸月日皆有盈縮此謂氣朔虛

也定陷癸陰法以大癸與癸星相應癸星右於天十二週大癸左行於地

十二年亦周癸星可見大癸不可見故本癸星㘴日同次之宮以表大癸

大癸二星在天一年後一辰十二年一小周一百四十の年行一百四十五次餘

数滿既跳一辰一千七引廿八年跳迤十一辰為一大週起度天之謂遍辰

亥不跳武尊甲子此法自漢已失其傳乾隆年间加定錢君大昕始

知此説芽有三統歷行讪甲以㔉堪輿家之此当用故不具論至定月

日时法宗視大阳躔度武臨命為月將六壬家用月將加正时測

候北斗九星及廿八宿躔次之宮斷驗人事日家選擇吉期則取大陽

到向及貴人登天門時為最吉耶大陽到向法子龍山穴宜於大暑

前後乘葬壬龍山穴宜於立秋前後乘葬亥龍山穴宜於處暑前後乘

葬乾龍山穴宜於白露前後乘葬戌龍山穴宜於秋分前後乘葬辛龍

穴宜於寒露前後乘葬酉龍山穴宜於霜降前後乘葬庚穴宜於立冬

前後乘葬申龍山穴宜於小雪前後乘葬坤龍山穴宜於大雪前後乘

龍山穴宜於至冬前後乘葬丁龍山穴宜於小寒前後乘葬午龍山穴宜於

大寒前後乘葬丙龍山穴宜於立春前後乘葬巳龍山穴宜於雨水前

後乘葬呂龍山穴宜於驚蟄前後乘葬辰龍山穴宜於春分前後

乘葬乙龍山穴宜於清明前後乘葬卯龍山穴宜於谷雨前後乘葬

甲龍山穴寅於立亥前後乘葬寅龍山穴宜於小蘭前後乘葬艮龍山穴

宜於芒種前後乘葬丑龍山穴宜於亥至前後乘葬癸龍山穴宜於小寒前

前後乘葬〇取大陽登天門時法月將加時起十二支丑為貴人巳為騰蛇子為

朱雀卯為六合辰為勾陳寅為青龍戌為天空申為白虎未為大常亥為玄武巳

為大陰子為神后日出為陽時用陽貴日入為陰時用陰貴甲戌庚日陽貴在丑

陰貴在未餘依甲戌庚丑羊乙己鼠猴鄉丙丁豬雞位壬癸兔蛇藏六辛逢虎馬

乃是貴人方亥子丑寅卯辰六位順布貴人騰蛇朱雀六合勾陳青龍天空白

虎太常玄武大陰神后十二將巳午未申酉戌六位逆布十二將每日貴人只二時

遇亥評之登天門用以擇時行葬其月將用以加辰之武臨謂之天罡天罡所

在之方為然或指之方為生若大乙大荷門不得吉日歲評貴人或在之時去天罡所指之方造

第九層先天
圓圖
七十二候卦
分明

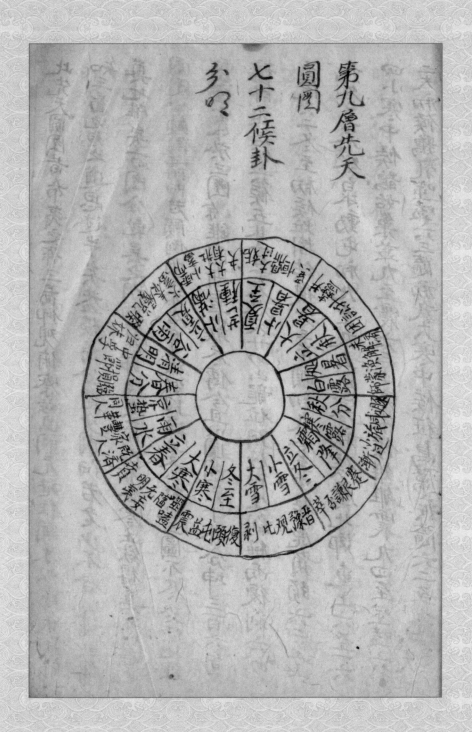

此先天圓圖昔希夷之作三圖仰觀俯察邃幽洞元繼往開來以前民用能

知三圖也用之道思過半矣益橫圖分老少陰陽若老少不合交媾歙得

真地難矣方圖分乾巽之陰陽若乾坤艮震之陰陽不合零正欲得真地必不能也

圓圖分顛倒之陰陽若顛倒陰陽不合今歙陰真地又不能也三圖不盡於係地理

而地理實外於三圖　余雖聞斯旨不敢盡傳今且以圓圖六十卦分坤三百六旬

按節氣三候六卦（日）爻界入廿四山龍位陰極陽生剝極而復剝六四

至復六二冬至初候蚯蚓結復六三至頤初九冬至中候麋角頤六二至上

九冬至末水泉動屯初九至九五小寒初候鴈屯上六至一六

四小寒中候鵲始巢益九至震六三小寒末候雉雊震九四至噬嗑六

二大初候雞乳嗃嗑六三隨初九大寒中候征鳥厲疾隨六二至上六大

寒末候水澤復墜无妄初九至九五立春初候東風分解凍无妄上九至

明夷六四立春中候蟄蟲始振明夷立五至賣九三立春末候魚陟負水

賣六四至既濟六二雨水初候獺祭魚既濟九三至家人初九雨水中

候鴈北家人六二至九五雨水末候草木萌動豐初九至六五驚蟄

初候桃始花豐上六至革九四驚蟄中候倉庚鳴革九五至同人九三驚

蟄末候鷹化為鳩同人九四至臨九二春分初候元鳥至臨六三至損九初

春分中候雷乃發聲損九二至上九春分末候始電節初九至九五清明初

候桐始花節上六至中孚六四清明中候田鼠化為鴽中孚九五至歸妹六

明末候虹始見歸妹九二至睽九二谷雨初候蘋始生睽六三至兌初九谷雨中

候鳴鳩拂其羽兌九二至上六谷雨末候戴勝降於桑履初九至九五立夏初

候螻蟈鳴復上九至泰六四立夏中候蚯蚓出泰六五至大畜九三立夏末候

王瓜生大畜六四至需九二小滿初候苦菜秀需九三至小畜初九小滿中候

靡草死小畜九二至上九小滿末候麥秋至大壯初九至六至五芒種初候螳

螂生大壯上六至大有九四芒種中候鵙始鳴大有至五至夬九三芒種末候

反舌無聲陽極陰生夬姤而姤九四夬九四夏至初候鹿角解姤九三　央

至大過初六夏至中候蜩始鳴大過九二至上六夏至末候半夏生鼎初

六至六五小暑初候溫風至鼎上九至恒九四小暑中候蟋蟀居壁恒

六五至井九三小暑末候鷹始摯恒六四至井九二大暑初候腐草　強

為螢井九三至盬初六大暑中候土潤溽暑井九二至上九大暑末候大

雨時行升初六至六五立秋初候涼風至升上六至謙九四立秋中候

白露降訟九五至困六三立秋末候寒蟬鳴困九四至未濟九二處暑初候

鷹乃祭鳥未濟六三至解初六處暑中候天地始肅解九二至上六處暑末

候承乃登漸初六至九五四白露初候鴻來漸上九至蒙六四白露中候

元鳥歸蒙六五至師六三白露末候群鳥養羞師六四至遯六二

秋分初候雷始收聲遯九三至咸初六秋分中候蟄蟲坏戶咸六二至

上六秋分末候水始涸旅初六至六五寒露初候鴻鴈來賓旅上九

至小過九四寒露中候雀入大暑為蛤小過至六五漸九三寒露末候

鞠有黃花漸六四至蹇六二霜降初候豺乃祭獸蹇九三至艮初六

霜降中候草木黃落艮六二至上九霜降末候蟄蟲咸俯謙和六四

至六五立冬初候水始冰謙上六至否九四立冬中候地始凍否九五至萃

六三丘冬末候雉入大水為蜃萃九四至晉六二小雪初候虹藏不見晉六

三至豫初六小雪中候天氣上升地氣下降豫六二至上六小雪末候閉塞

而成冬觀初六至九五大雪初候鶡鴠不鳴觀上九至此六四大雪中候虎

始交此九五至剝六三大雪末候荔挺出冬至候十五卦起於復終於同人陽

爻四十四陰爻四十六春分後十五卦起於遯終於剝陽爻廿二陰爻五十八至分之

冬至後陽爻一百廿陰爻七十八陽一百廿除乾坤坎離為合周天之數用此占驗吉凶

動則必應聊示牽隅之意讀者詳之

　　　　欽求解　義又要考禮記乃令篇而究

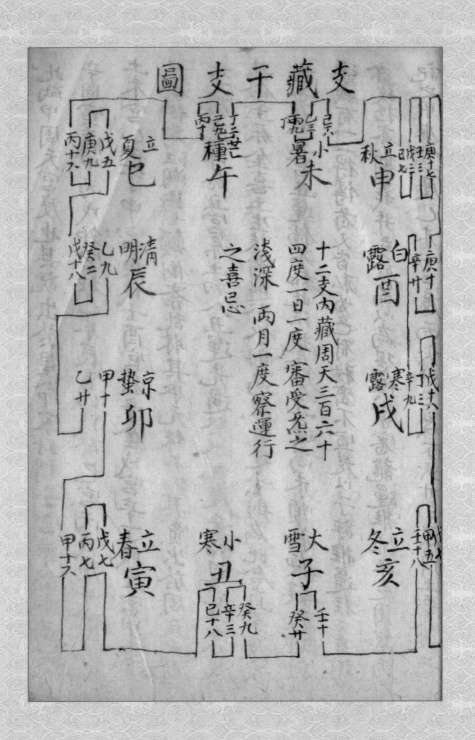

此納甲周天宮度也其說出於星命家計謂子宮辰癸水丑己癸

辛同寅藏甲丙戊卯宮獨乙木辰宮乙戊癸巳宮丙戊庚午宮丁己

未宮乙己丁申宮庚戊壬酉宮獨辛金戌宮辛丁戊亥宮甲壬逢

是也但為江湖術士顛倒紊亂昧其本元殊不知其實出於周天三百

六十躔度即於丑宮辰土柄入丑運先過癸水九度辛始過己土十八度

其命主辰金喜土生扶者過癸水則為泄氣過辛則為比合直至度交

己土方入五宮正運偏不知此法見命入丑運尚未順利便疑數理無

憑或有一二得傳者又皆私為己有秘密不宣是以子評推運往往乖謬

余故括峯斯義并辛於篇以為堪輿家審龍運推流年之用總丙

記之甲木卅一度乙木卅三度丙火卅三度丁火廿三度戊土卅八度己

土五十二度庚壺卅六度辛金卅二度壬水卅二度癸水卅二度諀昌立春

丙戌冬居七驚蟄旬戌外甲讓乙辰藏九乙三朝癸傍夏即消戌土

覷九日庚金十六丙戌之五日己中行丙火芒種初旬是十一郎九已痕

小水九丁三乙木壺己乂土紛三郭戌土三壬水白露初旬猴屍金庚九

朝寒露辛金退除脚三丁戌土開七戌亥宫五日甲壬突大雪十英昏

小寒九癸三辛共己土將來春上分一日一度審受气之淺深兩月一度

察運行之专忌是其日用之抄旨也

斷語神驗　仁卿

金龍起伏自金來正是一家骨肉脈乾时生動閒金穴要在六白之當

时喜坎水以貼身須異木而起对若見離水疊臨必生不肖之子

兑金入離必生死之兆而艮上以混雜須生乾而实係於乾偏坤土

以夹金是生旺而後亦回哀木為乾金武魁豈知乾金得異氕以成異之

武而离為破雞曰六白之吉曜偏云不吉兑挨弼而弼屍金即云时之

旺反為不旺乾山艮未一二節必生独亥亥脈相隨兩三重大容俊秀

彼夫坎離北未病源南至最怕乾艮以混雜尤坤艮而兼加華盖重二節出乾

墀而堂氕調疊三若井龍楼而蓋荣恐天来董天罡以艮时中之局雖有將軍運

玉印尤是卦外之神面坎發之勝之文人盛旺索离丁之滾人富有倉箱得乾為相

生即登科而發甲此言老陰老陽之对待得時吉失時悠悠恩也東北各上一条詭西南

向中二宫水剋赤莫從外入至葶無許傍未帝座徘武曲之神逢六白而登科有餘寶

坤 蓋臨破軍之位当七赤而發甲無疑若得四水之交應許百福之并至地睪高從狀元可期

黑水特殺巨富斯至雜离以破格婦女居媚混庚金而過臺少男失配兒路三變炎雜

鷄水重二有好音阴少阴將軍得革蓋而美且當且貴胍父伹子孫而并榮受九

紫雨左有人賀龍當之壽得八白於右畔登科清墀之乘龍乾父隨未莫待坎毋以并

至兌兌兼人最怕景之同懷允矣上元之佳城卓哉天三之令宅龍未武曲休帶破

軍之星穴好文畢薫蒸煞之位金桐偕帝輩而拱照龍樓鳳閣以漾泗九宫内之七

八為榮四六中之二三共濟八白至吉最忌運一白而入乾七赤為榮猶嫌帶二黑而入戌此

因中元之得伴亦即上元之共利也老陰老陽坎乃六卦之祖宗分天分地子午為八卦

樞机亢莫混於艮坤水莫雜於乾艮喜邪拱之漸翠慶堂局之端嚴震若流坎位

氣過五而有害發于乾艮乗種盛而有衆風入水二入巽爾名雙美兊出雷二出

兊富貴兩全溉三坎未当六白而愈顯科名源三坤至達七赤而發必余震乃

八白之根苗吳亦九紫之正曜　若乃龍坤從入自應水要艮未三碧生一白膺

至断定豪敗九紫黄七赤同未名利堤湾山峰聳出雲端三元發榜水源

独归故際影歐田盈势必地孫之陵純岂但当年之今運吾見西山擺布大起

員金之一星東水澄泓長流曲折之间此因少阴少阳之起对亦即大丁大財之發

皇也然為乾兊本原一宗由亥而庚随其出以立向震昌無分兩路申申而已仍憑

發源以救宗按悉山出雷而不清必損聰明之子最要得兊水以催照乃發成名之

兒童知過癈関夫水情荣枯本於元運苟得系脉之不善自然發福無疆矣

天機妙用在其中　大卦玄空關竅通

青囊經卷宜細悮　先體後用認成踪

本師親口傳真訣　天下橫行陸地神

後授文賢親衣鉢　自古洩盡要千金

清光緒十一年乙酉歲季冬月中澣造吉堂仁卿錄